Impressum
Verlag: BABADADA GmbH, Nedderfeld 112 , 22529 Hamburg
Geschäftsführer / Verlagsleitung: Harald Hof
Druck: Books on Demand GmbH, In de Tarpen 42, 22848 Norderstedt

Imprint
Publisher: BABADADA GmbH, Nedderfeld 112 , 22529 Hamburg, Germany
Managing Director / Publishing direction: Harald Hof
Print: Books on Demand GmbH, In de Tarpen 42, 22848 Norderstedt

shule

sekolo

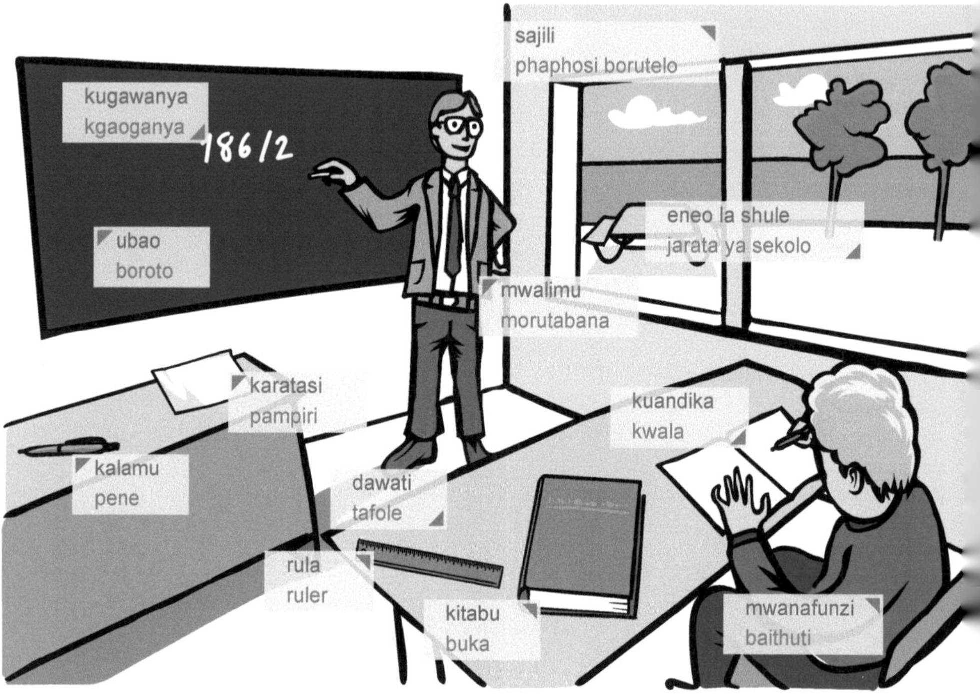

sajili
phaphosi borutelo
kugawanya
kgaoganya
186/2
ubao
boroto
eneo la shule
jarata ya sekolo
mwalimu
morutabana
karatasi
pampiri
kuandika
kwala
kalamu
pene
dawati
tafole
rula
ruler
kitabu
buka
mwanafunzi
baithuti

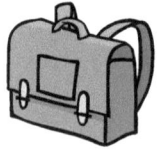

mkoba

kgetsana ya dibuka

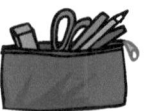

kikasha cha penseli

setsenya dipensele

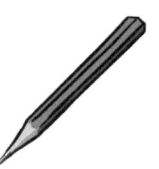

penseli

pensele

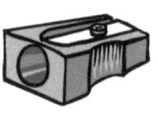

kichonga penseli

seseta pensele

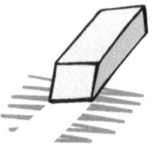

mpira

sephimola

pedi ya kuchora

boto ya go torowa

uchoraji
torowa

brashi ya rangi
boratšhe jwa pente

sanduku la rangi
bokose ya pente

mkasi
dikere

gundi
sekgomaretsi

daftari
buka ya go kwalela

azi ya nyumbani
tirogae

nambari
palo

jumlisha
tlhakanya

ondoa
kgaoganya

zidisha
atisa

kokotoa
khalkhuleitara

barua
lekwalo

alfabeti
alfabete

neno
lefoko

maandishi

mafoko

kusoma

bala

chaki

choko

somo

thuto

sajili

rejistara

uchunguzi

tlhatlhobo

cheti

setifikeiti

sare za shule

diaparo tsa sekolo

elimu

thuto

elezo

encyclopedia

chuo kikuu

unibesithi

darubini

mikoroskoupo

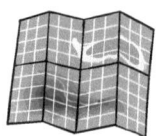

ramani

mmepe

kikapu cha kuweka karatasi chafu

moteme wa dipampiri

usafiri

eta

hoteli
hotele
Grand
hosteli
hosetele
ROOMS
fisi ya ubadilishanaji
antoro ya go fetola madi
sanduku
sutukeisi
gari
sejanaga

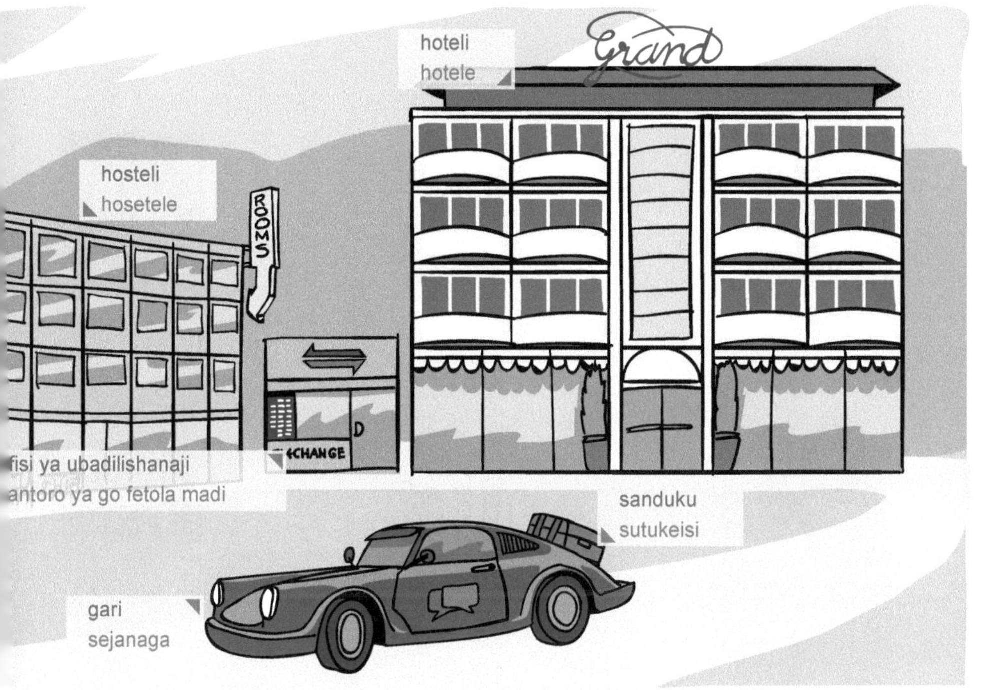

lugha

puo

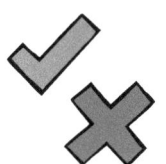

ndiyo / la

ee / nnyaa

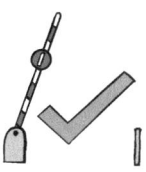

sawa

Go siame

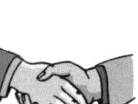

hujambo

dumela

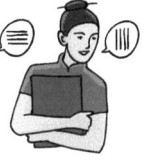

mtafsiri

moranodi

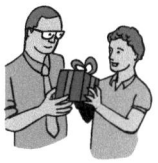

Asante

Ke a leboga

kiasi gani ni ...?

ke bokae…?

Sielewi

ga ke tlhaloganye

tatizo

bothata

Jioni njema!

O itumelele bosigo!

Habari za asubuhi!

Dumela!

Usiku mwema!

Robala Sentle!

kwa heri

tsamaya sentle

mwelekeo

tsela

mizigo

dithoto

mfuko

kgetsi

shanta

kgetsi

mgeni

moeng

chumba

phaposi

begi la kulalia

kgetsana ya go robalela

hema

mogope

taarifa ya utalii
limosetso ya mojanala

ufuo
lewatle

kadi
karata ya go tsaya sekoloto

kifunguakinywa
sefitlholo

chakula cha mchana
dijo tsa motshegare

chakula cha jioni
dijo tsa maitsiboa

tiketi
tekete

kuinua
lifiti

muhuri
setempe

mpaka
bodara

mila
dingwao

ubalozi
embassy

visa
visa

pasipoti
lokwalo itshupo

usafiri

sepalangwa

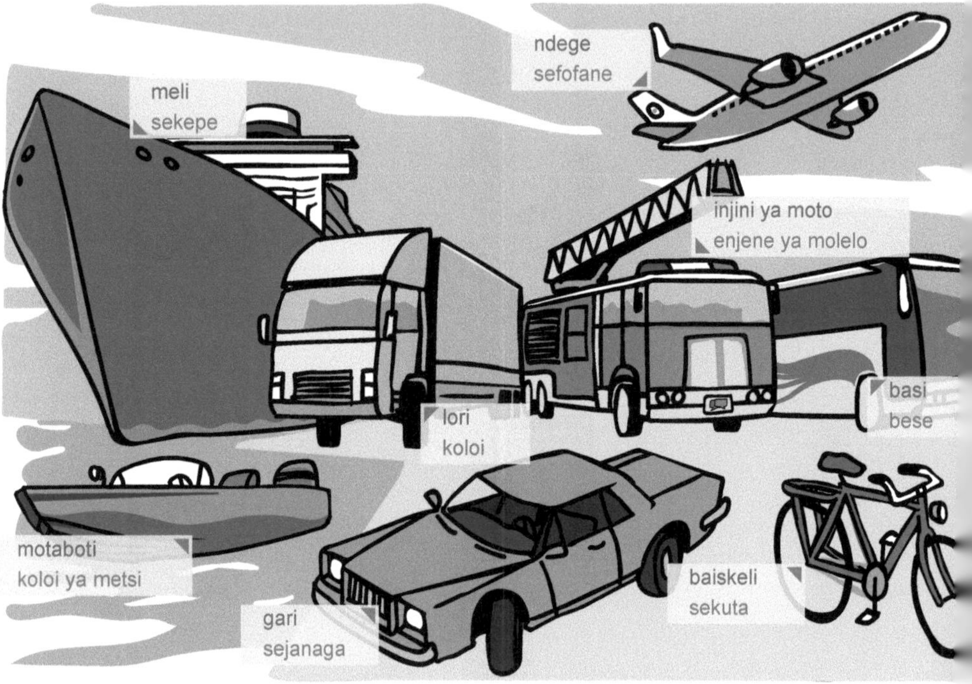

ndege
sefofane
meli
sekepe
injini ya moto
enjene ya molelo
basi
bese
lori
koloi
motaboti
koloi ya metsi
baiskeli
sekuta
gari
sejanaga

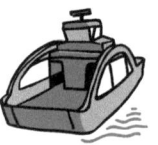

feri

feri

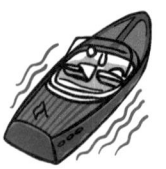

mashua

sekepe

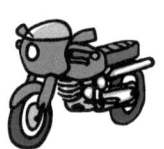

pikipiki

sethuthuthu

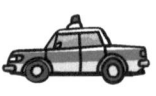

gari la polisi

sejanaga sa mapodisa

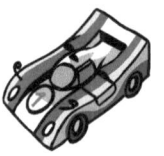

gari la mashindano

sejanaga sa lobelo

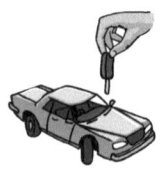

gari la kukodisha

sejanaga se se hirilweng

kushiriki gari

roganya sejanaga

lori la kuvuta

koloi e e gogang dikoloi tse di robegileng

ukusanyaji taka

koloi e e tsayang matlakala

motor

koloi

mafuta

lookwane

kituo cha mafuta

seteišhene sa lookwane

ishara trafiki

hwao la pharakano

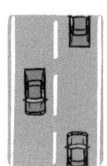

trafiki

pharakano

msongamano

pharakano

maegesho

o la go emisa koloi

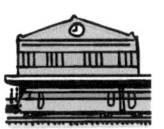

kituo cha treni

seteišhene sa terena

reli

mela

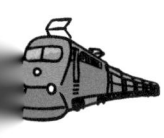

garimoshi

terena

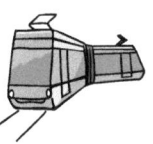

tremu

tereme

gari la mizigo

kolotsana

helikopta
sefofane

uwanja wa ndege
boemeladifofane

mnara
tora

abiria
mopalami

chombo
sekhafothini

katoni
bokoso

mkokoteni
karaki

kikapu
basekete

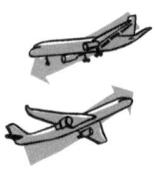

ondoka
go tsamaya / go fitlha

jiji
toropo

kijiji
motse

katikati ya jiji
legare la teropo

nyumba
ntlo

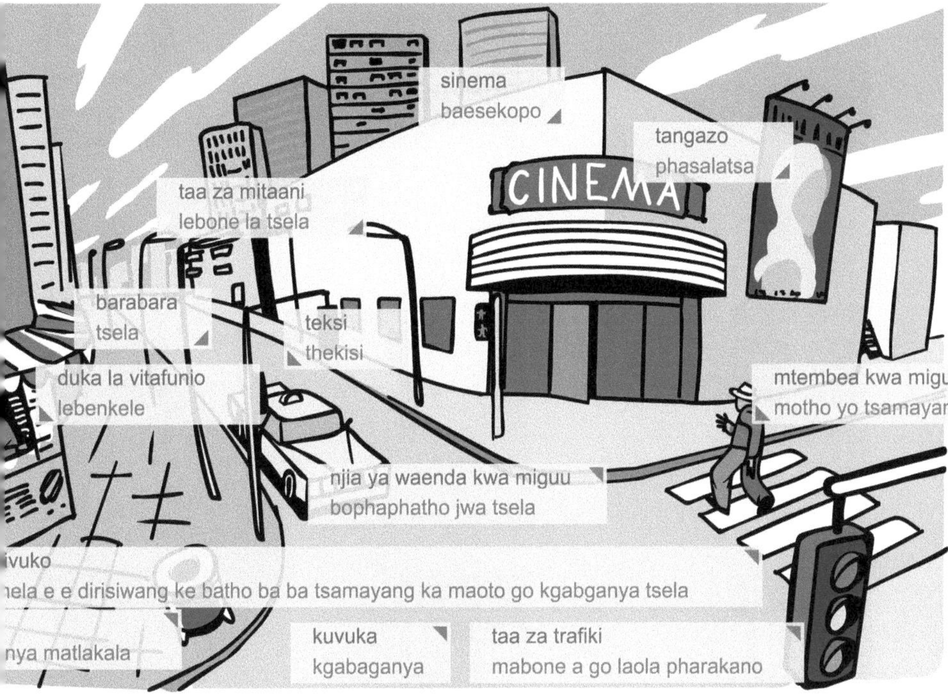

sinema
baesekopo

tangazo
phasalatsa

taa za mitaani
lebone la tsela

CINEMA

barabara
tsela

teksi
thekisi

duka la vitafunio
lebenkele

mtembea kwa miguu
motho yo tsamayar

njia ya waenda kwa miguu
bophaphatho jwa tsela

ivuko
nela e e dirisiwang ke batho ba ba tsamayang ka maoto go kgabganya tsela

nya matlakala

kuvuka
kgabaganya

taa za trafiki
mabone a go laola pharakano

kibanda

ruletseng ka bojang

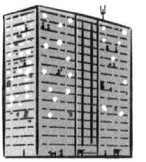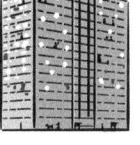

gorofa

sephara

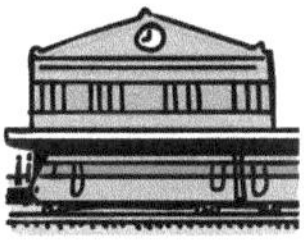

kituo cha treni

seteišhene sa terena

kumbi wa mji

halahala la toropo

Makavazi

museamo

shule

sekolo

chuo kikuu
unibesithi

benki
banka

hospitali
sepetlele

hoteli
hotele

duka la dawa
lefelo la melemo

ofisi
kantoro

duka la kitabu
lebenkele la dibuka

duka
lebenkele

duka la maua
batho ba ba rekisang malomo

dukakuu
lebenkele

soko
maraka

idara ya kuhifadhi
lebenkele la diaparo

mwuza samaki
fishmongers

kituo cha ununuzi
moago wa mabenkele a a mantsi

bandari
boema dikepe

Hifadhi

serapa

benki

banka

daraja

borogo

vidato

ditepisi

chini ya ardhi

kwa tlase ga lefatshe

handaki

kgogometso

kituo cha mabasi

boemela bese

bar

bara

mgahawa

lefelo la go jela

anduku la posta

bokose la pose

ishara ya barabara

letshwao la tsela

mita ya maegesho

mitara wa go emisa koloi

tani ya wanyama

elo la go bonela
diphologolo

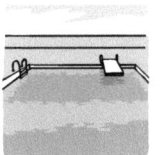

kidimbwi cha kuogelea

letlodi la go thuma

msikiti

tempele ya mamoselema

shamba
polase

uchafuzi
kgotlelelo

makaburini
mabitla

kanisa
kereke

uwanja wa michezo
lefelo la go tshamekela

hekalu
temple

mazingira
boago jwa lefelo

jani
setlhatsana

ishara ya mwelekeo
matshwao

njia
tsela

malisho
ditlhaga

jiwe
letlapa

mti
setlhare

mtembeaji wa masafa
motho yo o tsamayang mo thabeng

mto
noka

nyasi
bojang

ua
lelomo

bonde
mokgatšha

kilima
thatshana

ziwa
lekadiba

msitu
sekgwa

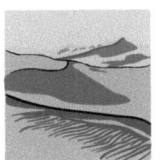

jangwa
sekaka

volkano
lekgwamolelo

ngome
khasele

upinde wa mvua
motshe wa badimo

uyoga
leboa

mtende
mokolana

mbu
montsane

kuruka
tshenekegi

chungu
tshoswane

nyuki
notshi

buibui
segokgo

mende

khukhwana

chura

segwagwa

kuchakuro

mosha

nungunungu

noko

sungura

mmutla

bundi

morubisi

ndege

nonyane

swan

pidipidi

nguruwe mwitu

dikolobe tsa naga

kulungu

kgokong

aina ya kongoni

moose

bwawa

letamo

tabo ya upepo

sefetlhaphefo

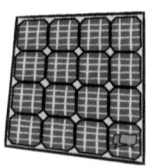

nishaji ya jua

motlakase o o dirilweng ka
letsatsi

hali ya hewa

loapi

mgahawa
lefelo la go jela

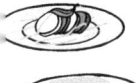

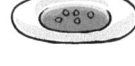

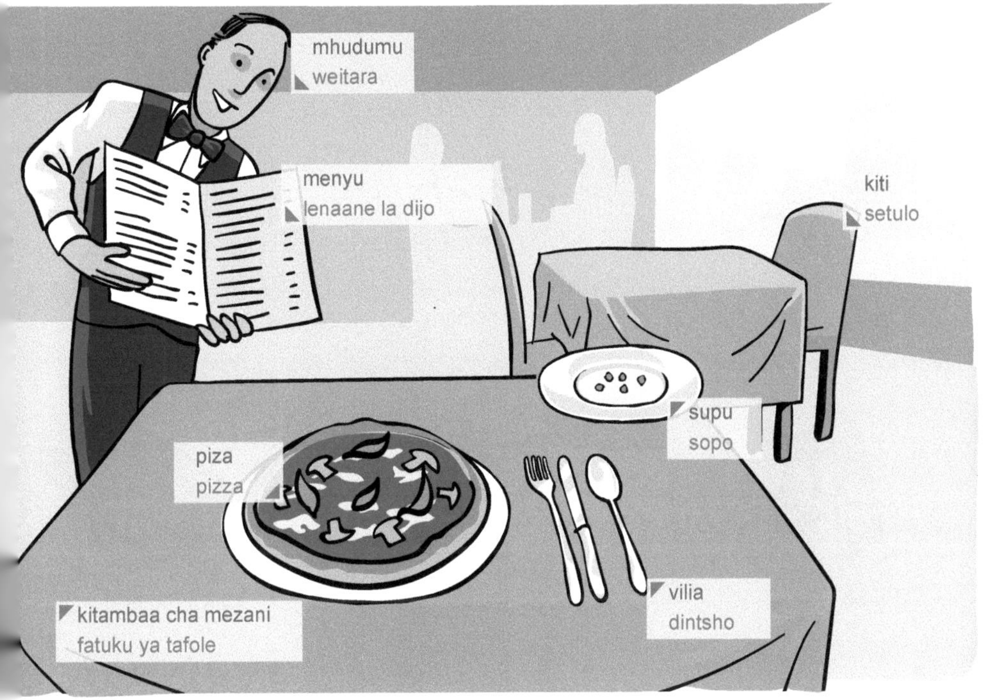

mhudumu
weitara
menyu
lenaane la dijo
kiti
setulo
supu
sopo
piza
pizza
vilia
dintsho
kitambaa cha mezani
fatuku ya tafole

kiamsha hamu

sejo sa ntlha

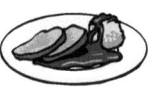

kozi kuu

sejo sa bobedi

kitindamlo

dijo tse di naleng sukiri

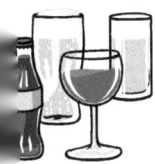

vinywaji

dino

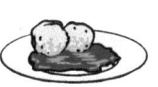

chakula

dijo

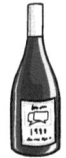

chupa

botlolo

chakula cha haraka

dijo tsa mo strateng

Streetfood

dijo tsa seterata

buli

ketlele ya tee

kisanduku cha sukari

sejana sa go tsenya sukiri

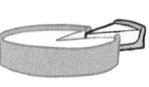

sehemu

karolo

mashine ya espresso

motšhini wa espresso

kiti kirefu

setulo se se kwa godimo

muswada

tshupamolato

trei

terei

kisu

thipa

uma

forotlho

kijiko

liso

kijiko cha chai

leswana

nepi

lesela la go iphimola

glasi

galase

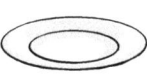

sahani

poleiti

sahani ya supu

poleiti ya sopo

sufuria

sosara

mchuzi

sopo

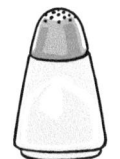

kichanyaji chumvi

sejana sa letswai

kinu cha pilipili

sesila pepere

siki

aseini

mafuta

oli

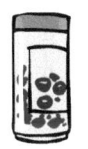

viungo

ditswaiso

kechapu

tamati souso

haradali

masetete

kachumbari nzito

mayonaese

dukakuu
lebenkele

ofa maalum
sesolo se se kgethegileng
FOR
mteja
moreki
maziwa
dilwana tsa mašwi
matunda
leungo
toroli
teroli

BUTCHERS

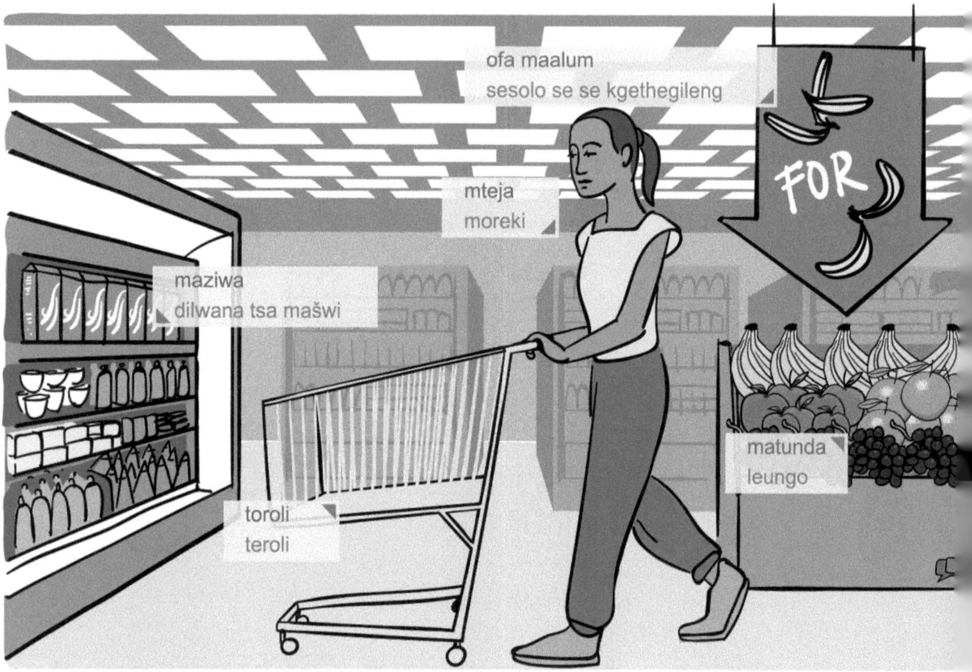

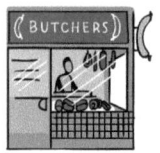

mchinjaji

batho ba ba segang nama

BAKERY

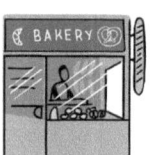

mwokaji

babaki

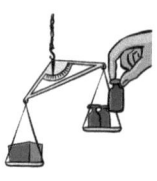

uzito

boima

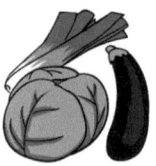

mboga

merogo

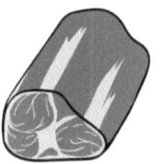

nyama

nama

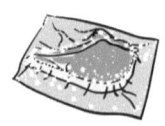

chakula waliohifadhiwa

dijo tse di aesitsweng

nde vya nyama baridi

a e e sa tlhokeng go
apewa

chakula cha kopo

dijo tsa thini

sabuni ya unga

molora o o tlhatswang

pipi

dimonamone

bidhaa za kaya

dilwana tsa ntlo

bidhaa za kusafisha

dilwana tsa go phepafatsa

mtu mauzo

morekisi

mpaka

motšhini wa madi

keshia

morekisi

dha ya manunuzi

nnane la go reka

masaa ya ufunguzi

diura tsa go bula

mkoba

sepatšhe

kadi

ya go tsaya sekoloto

mfuko

kgetsi

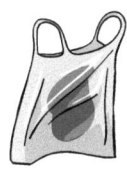

mfuko wa plastiki

kgetsi ya polasetiki

maji

metsi

sharubati

jusi

maziwa

mašwi

coke

khouku

mvinyo

beine

bia

biri

pombe

bojalwa

kakao

khoukhou

chai

tee

kahawa

kofi

spreso

esepereso

kapuchino

cappuccino

ndizi

panana

tufaha

apole

machungwa

namune

tikiti

legapu

lemon

surunamune

karoti

segwete

kitunguu saumu

konofole

mianzi

lotlhaka lwa bampuse

kitunguu

eie

uyoga

mabowa

karanga

manoko

nudo

di-noodles

spageti

sepagethi

mpunga

raese

saladi

salate

vibanzi

ditšhipisi

viazi vya kukaanga

ditapole tse di gadikilweng

piza

pizza

hambaga

hamburger

sandwichi

borotho jo bo tlapisitsweng

kipande

nama e e gadikilweng

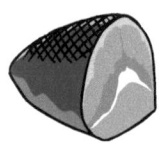

paja la mnyama

nama ya kolobe

salami

salami

soseji

boroso

kuku

koko

choma

gadika

samaki

tlhapi

oats ya uji

ɔogobe jwa outse

muesli

muesli

cornflakes

cornflakes

unga

bupi

kroisanti

croissante

andazi

banse

mkate

borotho

mkate wa kubanika

borotho jo bo besitsweng

biskuti

bisikiti

siagi

botoro

maziwa mgando

tšhisi

keki

kuku

yai

lee

yai kukaanga

lee le le gadikilweng

jibini

kase

aiskrimu

aesekirimi

sukari

sukiri

asali

mamepe a dinotshe

jemu

jeme

kuenea kwa chokoleti

chokolete e e tshasiwang

mchuzi wa viungo

khari

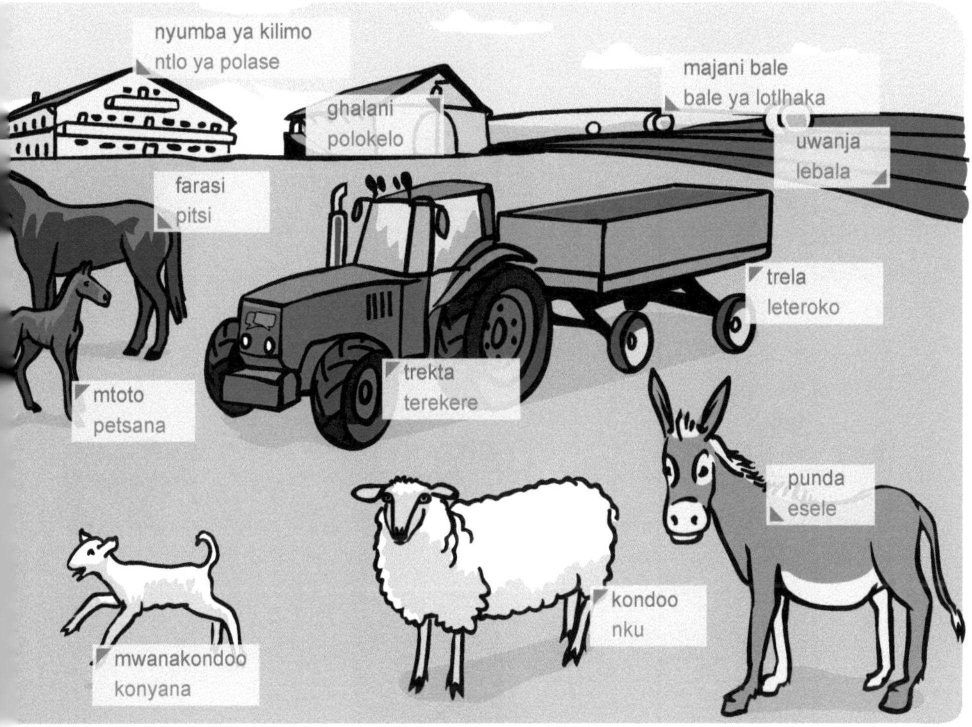

nyumba ya kilimo
ntlo ya polase

ghalani
polokelo

majani bale
bale ya lotlhaka

uwanja
lebala

farasi
pitsi

trela
leteroko

mtoto
petsana

trekta
terekere

punda
esele

kondoo
nku

mwanakondoo
konyana

mbuzi

ng'ombe

ndama

pudi

kgomo

namane

nguruwe

mwananguruwe

fahali

kolobe

kolojane

poo

batabukini
ganse

bata
pidipidi

kifaranga
kokwanyana

kuku
mokoko

jogoo
mokoko

panya
peba

paka
katse

panya
peba

ng'ombe
kgomo

mbwa
ntša

nyumba ya mbwa
ntlo ya ntša

bomba la bustani
lethompo la tshingwana

debe la kumwagilia maji
tanka ya go nosetsa

fyekeo
disekele tsa tshipi

kulima
lema

mundu

disekele

jembe

setlhagola

uma wa nyasi

foroko ya go peta

shoka

selepe

toroli

kiribae

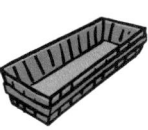

kupitia nyimbo

bonwelo

ɔmbo cha maziwa

šwi a a moteng ga
moteme

gunia

kgetsana

ua

legora

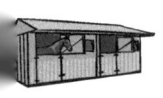

imara

tsepame

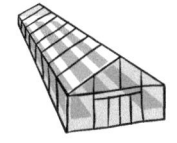

chafu

lefelo la go godisa dijalo

udongo

mmu

mbegu

peo

mbolea

menyoro

kivunaji

thobo e e kopaneng

mavuno

thobo

mavuno

thobo

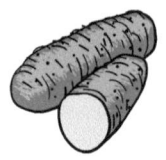

viazi vikuu

di-yam

ngano

korong

soya

soya

viazi

tapole

mahindi

korong

rapa

disonobolomo

mti wa matunda

setlhare sa maungo

muhogo

cassava

nafaka

dijo tsa phakela

nyumba
ntlo

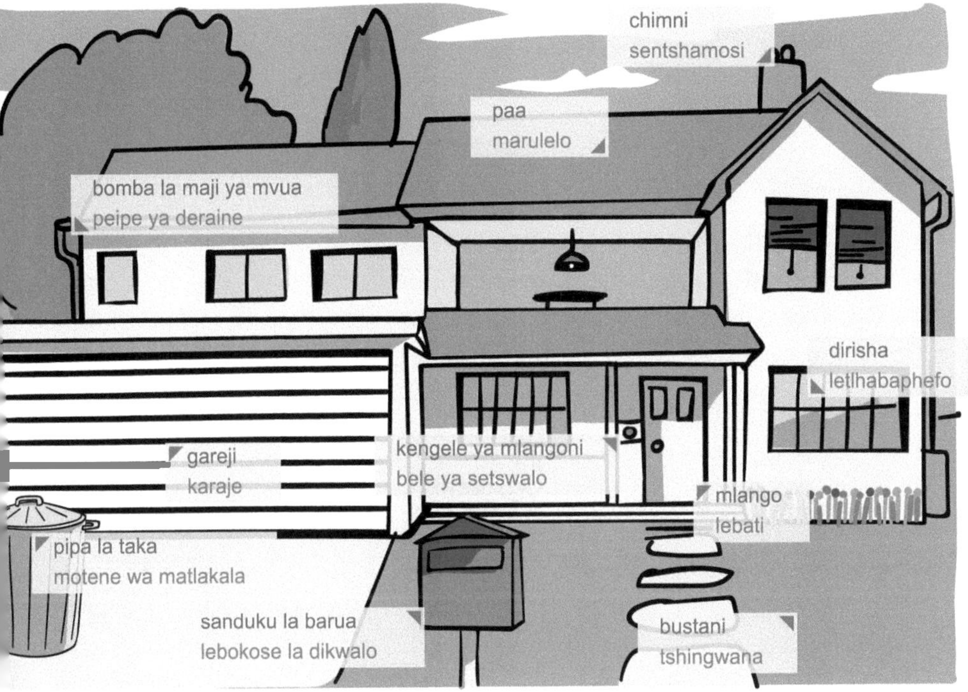

chimni
sentshamosi
paa
marulelo
bomba la maji ya mvua
peipe ya deraine
dirisha
letlhabaphefo
gareji
karaje
kengele ya mlangoni
bele ya setswalo
mlango
lebati
pipa la taka
motene wa matlakala
sanduku la barua
lebokose la dikwalo
bustani
tshingwana

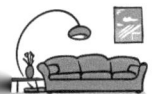

sebuleni

aposi ya bodulo

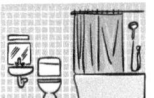

bafu

phaposi ya go tlhapela

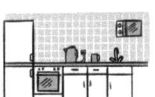

jikoni

boapeelo

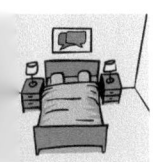

ımba cha kulala

posi ya borobalo

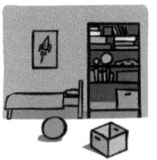

chumba ya mtoto

phaposi ya bana

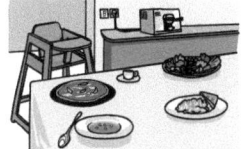

chumba cha kulia

phaposi ya bojelo

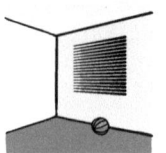

sakafu

mo fatshe

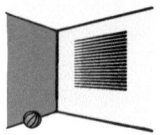

ukuta

lebota

dari

siling

pishi

mabolokelo

sauna

se futhumatsa mmele

roshani

mokatako

mtaro

mokgekolosa

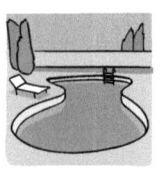

kidimbwi

makadiba

mashine ya kukata nyasi

sedirisiwa sa go sega
bojang

karatasi

lakane

kitambaa cha kupamba
kitanda

kobo

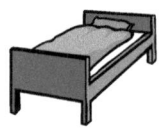

kitanda

bolao

ufagio

lefielo

ndoo

kgamelo

kubadili

switch

sebuleni
phaposi ya bodulo

mandhari
pampiri e e kgabisng lebota
picha
setshwantsho
taa
lobone
rafu
raka
kabati
raka
televisheni/runinga
thelebishene
mekoni
iso
ua
lelomo
mto
mosamo
sofa
soufa
chombo cha maua
setsenya malomo
kitenzambali
selaola thelebishene o le kgakala le yone

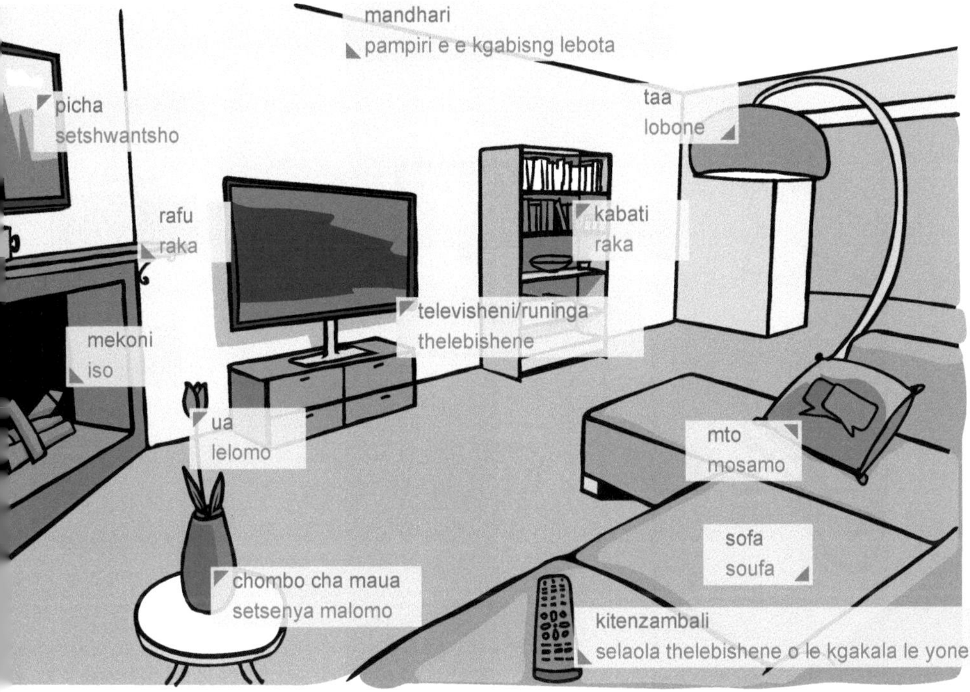

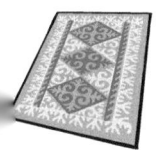

zulia
mmetshe

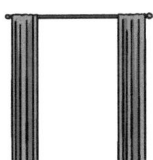

pazia
garetene

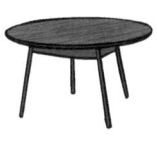

meza
tafole

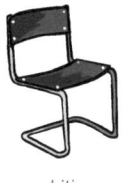

kiti
setulo

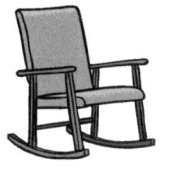

kiti cha bembea
setulo se se binang

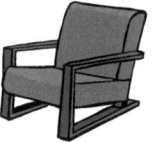

armchair
setulo se se naleng boikego

kitabu

buka

blanketi

kobo

mapambo

mokgabiso

kuni

dikgong tsa molelo

filamu

filimi

kifaa cha hi-fi

hi-fi ya go letsa

ufunguo

selotlolo

gazeti

lokwalodikgang

uchoraji

setshwantsho se se
dirilweng ka pente

bango

pampiri ya go phasalatsa

redio

seyalemowa

daftari

buka ya dintla

kifyonza

huvara

dungusi kakati

motoroko

mshumaa

kerese

jokofu
setsidifatsi

kikanza
ovene ya go futhumatsa dijo

wadogo jikoni
sekale sa boapeelo

kibaniko
tostara

sabuni
sephepafatsi

a
sidifatsi

stovu
ovene

pipa la taka
motene wa matlakala

mashine ya kuoshea vyombo
motšhini wa go tlhatswa dikotlele

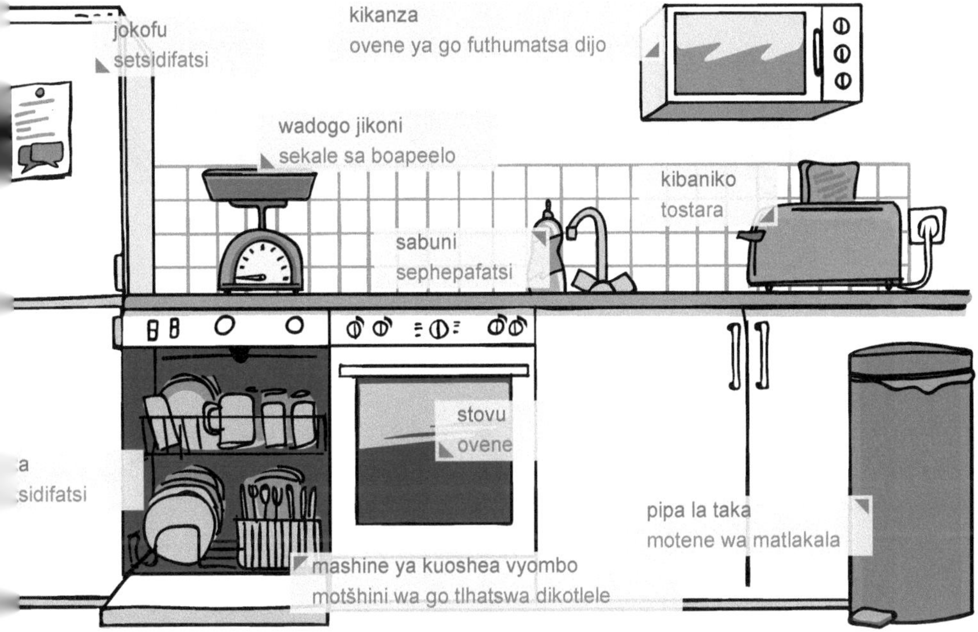

jiko la kupika
moapei

chungu
pitsa

sufuria ya chuma
pitsa ya tshipi

wok / kadai
wok / kadai

kaango
pane

birika
ketlele

stima
sefuthumatsi

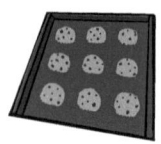

sinia ya kuoka
terei ya go baka

vyombo vya udongo
dintsho

kombe
kopi

bakuli
sejana

vijiti vya kulia
thobane ya go rema

ukawa
thoka

mwiko mpana
sepatšhula

burashi
wiskara

kichujio
setereinara

chujio
setlhotlhi

mbuzi
greitara

chokaa
kika

barbeque
nama ya kgomo

moto wazi
molelo o o mopepeneneg

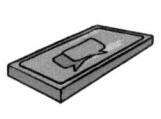

bao wa majaribio
oroto ya go segela

kijiti cha kusukuma unga
rolara

kizibuo
sebula dibotlolo tsa beine

kopo
moteme

inaweza kopo
sebula moteme

kishikio cha chungu
setshwari sa pitsa

karo
sinki

brashi
boratšhe

sifongo
sepontšhe

'sagaji matunda
kanya dijo / maungo

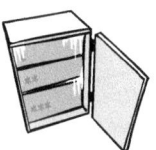

friji ya kina
setsidifatsi

chupa ya mtoto
botlole ya ngwana

bomba
tepe

phaposi ya go tlhapela

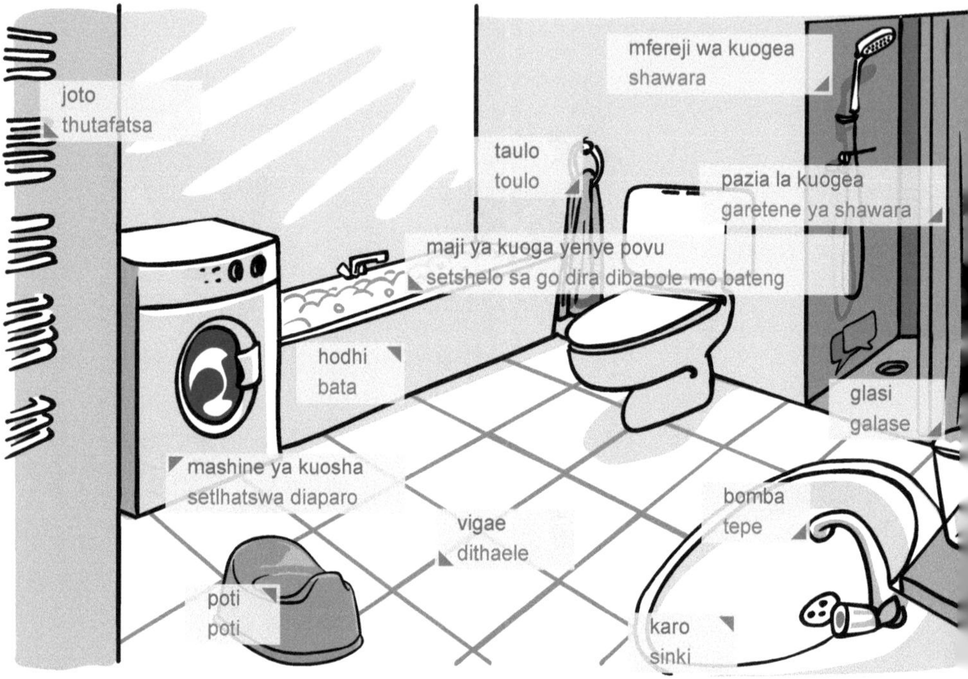

mfereji wa kuogea
shawara

joto
thutafatsa

taulo
toulo

pazia la kuogea
garetene ya shawara

maji ya kuoga yenye povu
setshelo sa go dira dibabole mo bateng

hodhi
bata

glasi
galase

mashine ya kuosha
setlhatswa diaparo

bomba
tepe

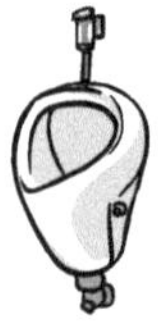

vigae
dithaele

poti
poti

karo
sinki

choo	choo cha squat	beseni la mviringo
ntlwana	ntlwana ya go kotama	bidete
choo cha umma	shashi	brashi ya choo
moroto	pampiri ya boithomelo	boratšhe jwa ntlwana

mswaki

oratshe jwa meno

dawa ya meno

sesepa sa meno

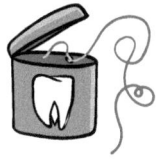

dawa ya meno

tlhale ya go phepafatsa
meno

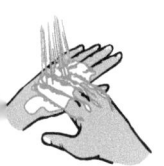

safisha

tlhatswa

kuoga mkono

shawara ya go itshwarela

msukumo wa maji

senkgisa monate

bonde

beisini

mpako wa pili

boratshe jwa mokwatla

sabuni

sesepa

jeli ya kuogea

ele ya shawara

shampuu

setlhapisa moriri

flana

folanele

toa maji

mosele

krimu

setlolo

kiondoa harufu

senkgamonate

kioo
seipone

kioo mkono
seipone sa go itshwarela

kinyozi
legare

povu la kunyoa
foumu ya go ntsha moriri

baada ya kunyoa
foumu ya fa o fetsa go
ntsha moriri

kichana
kama

brashi
boratšhe

kikausha nywele
seomisa moriri

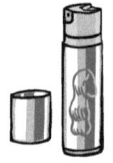

marashi ya nyewele
seporei sa moriri

vipodozi
seitlole sa sefatlhego

kidomwa
setlolo sa molomo

varnish ya msumari
pente ya dinala

pamba
boboa

mkasi wa kucha
sekere sa dinala

manukato
leokwane le le nkgang
monate

nkoba wa kuosha

sana ya go tlhatswa

kinyesi

setulo

mizani

sekale sa go lekanya

nguo ya kuoga

paro sa botlhapelo

glavu za mpira

ditlelafo tsa rekere

kisodo

tempone

sodo

siwa sa basadi ba ba
mo kgweding

kemikali choo

ntlwana ya khemikhale

chumba ya mtoto
phaposi ya bana

saa ya kengele
tshupanako ya alamo
kidoli cha kupakata
mpopi wa go tlamparela
gari bandia
koloi e e tshamekang
kelele
setšhakgatšhakga
chumba cha midoli
ntlo ya dipompi
sasa
poresente

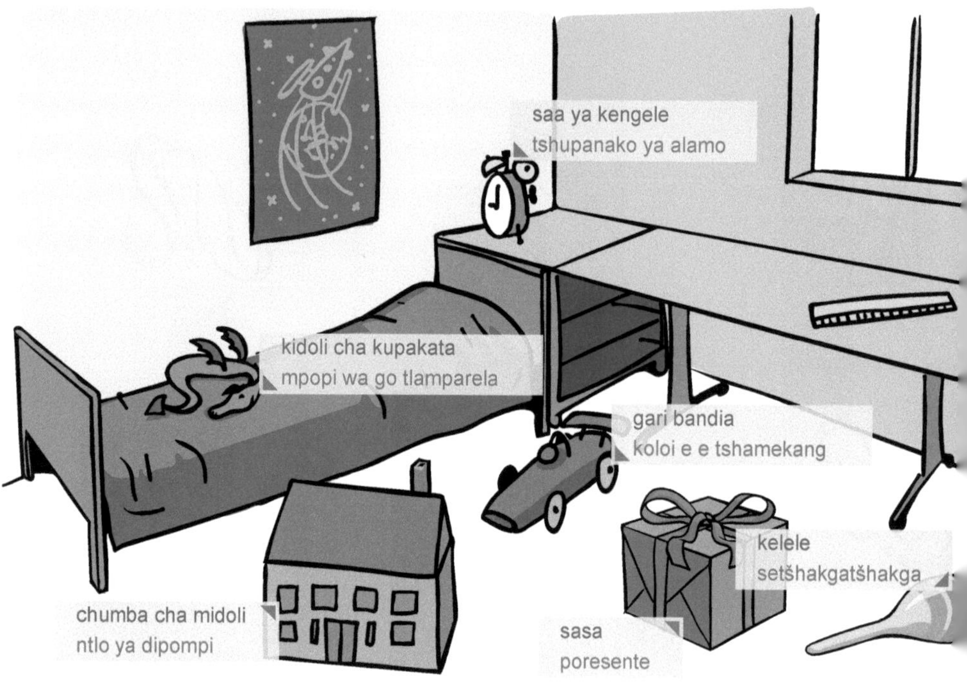

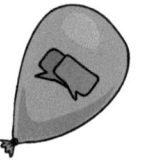

baluni
....
baluni

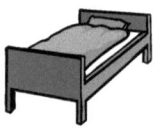

kitanda
....
bolao

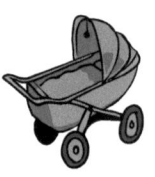

mashua
....
porema

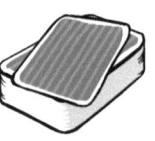

staha ya kadi
....
deck of cards

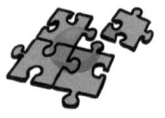

mchezo-fumb
....
saga ya motlakase

vichekesho
....
buka ya ditshegisi

matofali lego

lapa a go tshameka

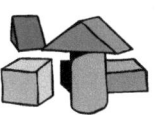

vitalu mwigo

diboloko tse di tshamekang

hatua takwimu

setshwantsho sa motho

suti ya kulalia

eaparo sa lesea

kisahani

Frisbee

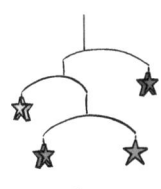

simu

selo sa go letsa mmino mo ditsebeng

bao wa michezo

shameko wa boroto

kete

daese

garimoshi mwigo

terena

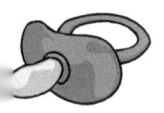

dummy

tami

chama

moletlo

picha kitabu

buka ya ditshwantsho

mpira

bolo

kikaragosi

mpopi

kucheza

tshameka

shimo la mchanga

lebala le le naleng santa

bembea

moswinki

vitu bandia

ditshamekisi tsa bana

kiweko cha video ya mchezo

motshameko wa dibidio

baiskeli ya magurudumu

baesekele ya maotwana a a mararo
matatu

mwanasesere

bera e e diretsweng go tshamekisa bana

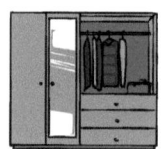

kabati

raka ya go baya diaparo

nguo

seaparo

soksi

dikausu

stokingi

dikausu tsa basadi

kibano

dithaetse

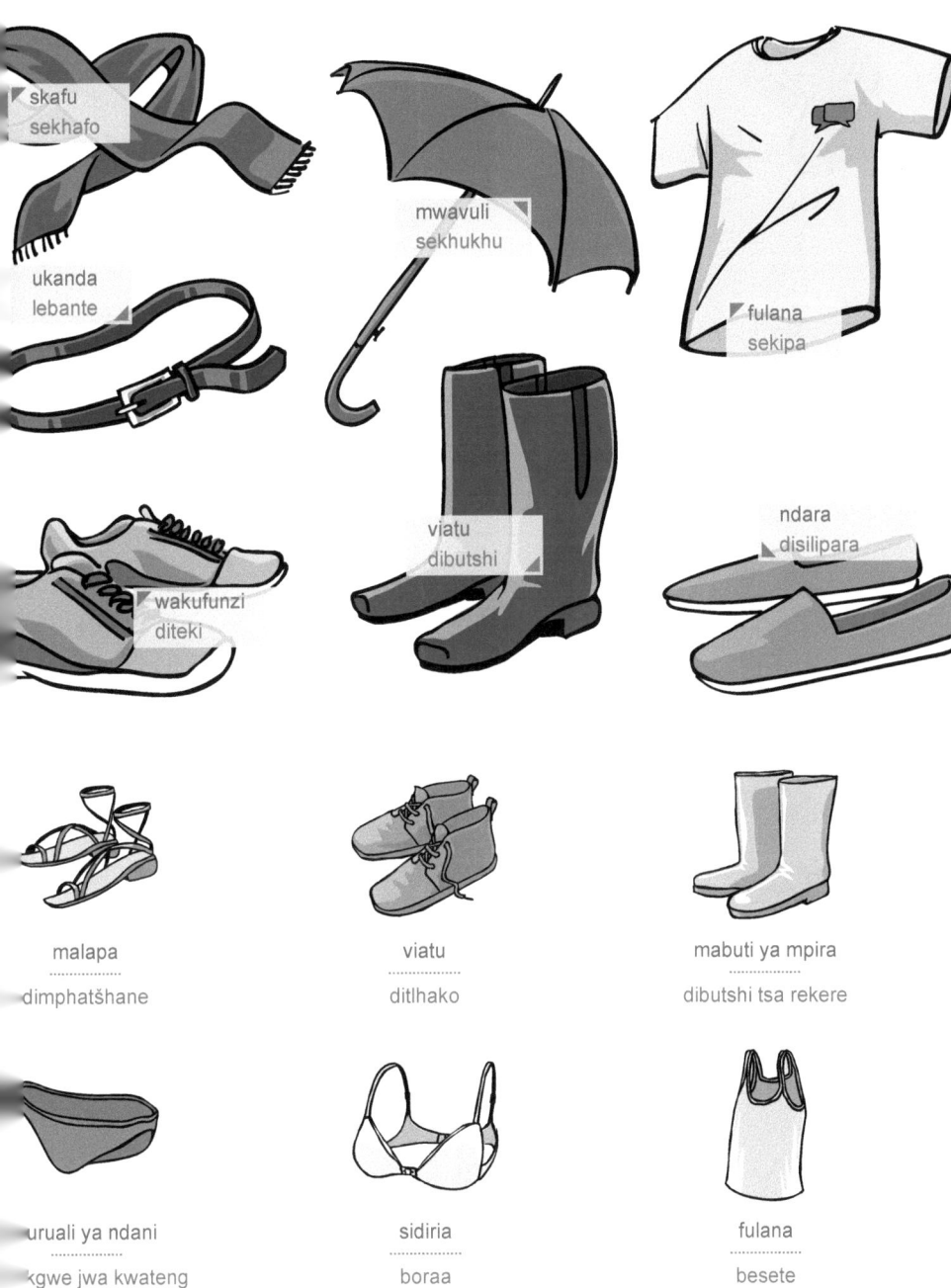

skafu
sekhafo

mwavuli
sekhukhu

fulana
sekipa

ukanda
lebante

viatu
dibutshi

ndara
disilipara

wakufunzi
diteki

malapa
dimphatšhane

viatu
ditlhako

mabuti ya mpira
dibutshi tsa rekere

uruali ya ndani
kgwe jwa kwateng

sidiria
boraa

fulana
besete

mwili

mmele

suruali

borukgwe

dangirizi

bokate

sketi

sekete

blauzi

bolaose

shati

hempe

vuta

jeresi e e senang matsogo

sweta

jakete e e enaleng hutshe

bleza

boleisara

jaketi

jakete

koti

jase

koti la mvua

jase ya pula

maleba

khosetjhumo

gauni

mosese

mavazi ya harusi

mosese wa lenyalo

suti
sutu

vazi la usiku
seaparo sa bosigo

pajama
diaparo tsa go robala

sari
sari

skafu
sekhafa sa tlhogo

kilemba
turban

burka
burqa

kaftan
kaftan

abaya
abaya

azi la kuogelea
paro sa go thuma

vazi la kiume la kuogelea
diteranka

kaptura
borukgwe jo bo khutshwane

teitei
terekesutu

aproni
seaparo sa go phephafatsa

glavu
ditlelafo

kifungo

talama

glasi

diborele

bangili

sebaga

mkufu

sebaga sa mo thamong

pete

palamonwana

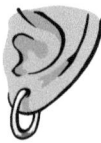

herini

lengena

kofia

kepisi

kiango cha koti

sepega baki

kofia

hutshe

tai

tae

zipu

zepe

kofia

hutshe ya sethuthuthu

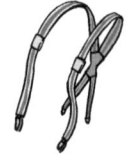

kanda za suruali

ditrata tsa meno

sare za shule

diaparo tsa sekolo

sare

diaparo tsa mmereko /
diaparo tsa sekolo

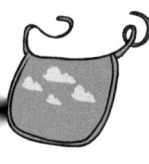

bibu

bebe

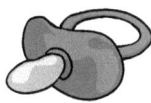

dummy

tami

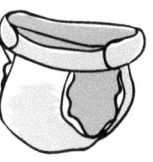

nepi

mongato

ofisi

kantoro

seva
server
kabati la kuweka faili
lekase la difaele
kichapishaji
segatisi
atasi
npiri
kiwambo
monithara
kipanya
maose
dawati
tafole
folda
fouldara
kibodi
khiboto
kuweka karatasi chafu
dipampiri
kompyuta
khomputara
kiti
setulo

ıobe la kahawa

kopi

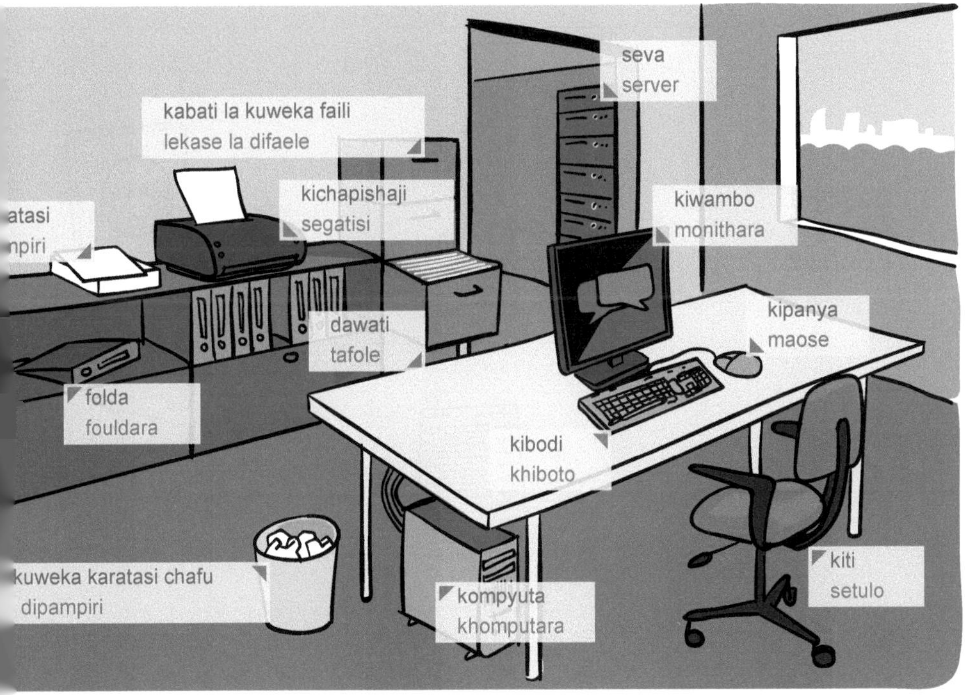

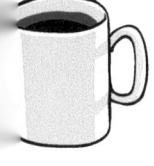

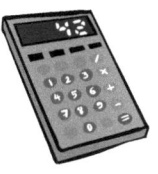

kikokotoo

khalkhuleitara

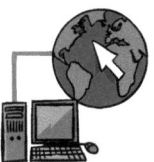

biashara

inthanete

mbali

lapothopo

barua

lekwalo

ujumbe

molaetsa

rununu

mogala wa letheka

intaneti

kgolagano ya megala

fotokopia

segatisa dipampiri

programu

software

simu

mogala

soketi

sokete ya polaka

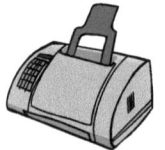

kipepesi

motšhini wa fekese

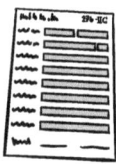

fomu

foromo

hati

setlankana

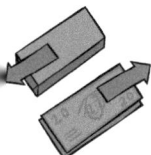

kununua
....
reka

kulipa
....
patela

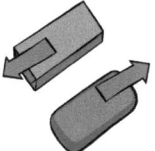

biashara
....
rekisa

fedha
....
madi / tšhelete

dola
....
dolara

yuro
....
euro

yeni
....
yen

rouble
....
roubele

faranga ya Uswisi
....
swiss franc

enminbi yuan
enminbi yuan

rupia
....
rupee

eneo la kulipia
....
lefelo la madi

ofisi ya ubadilishanaji

kantoro ya go fetola madi

dhahabu

gauta

fedha

selefera

mafuta

oli

nishati

maatla

bei

tlhwatlhwa

mkataba

konteraka

kodi

lekgetho

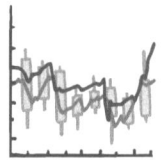

bidhaa

setoko

kazi

dira

mfanyakazi

mothapiwa

mwajiri

mothapi

kiwanda

bodirelo

duka

lebenkele

kazi
maemo

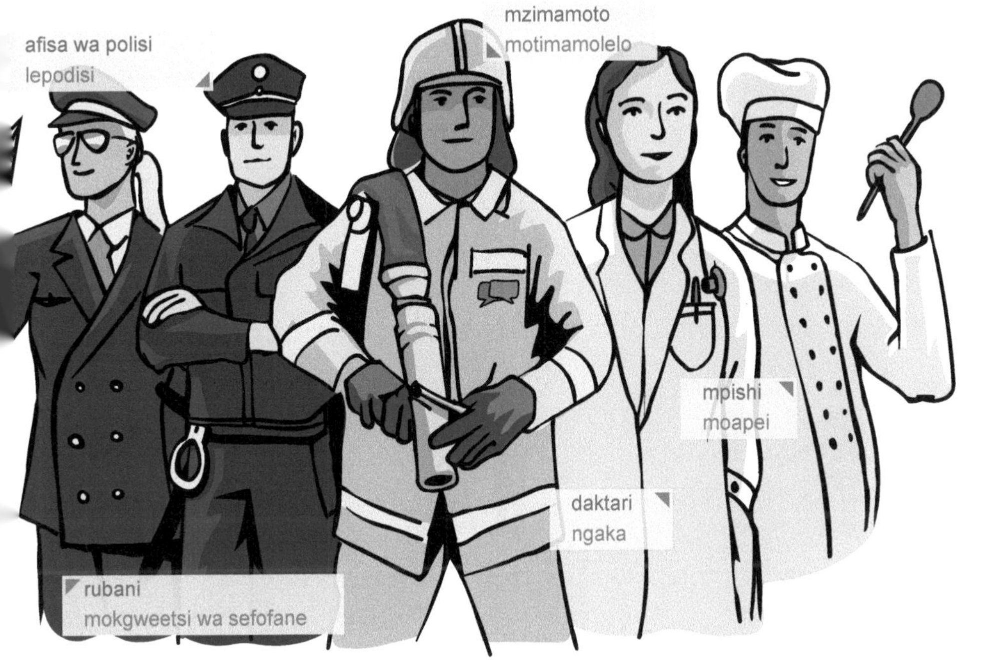
mzimamoto
motimamolelo
afisa wa polisi
lepodisi
mpishi
moapei
daktari
ngaka
rubani
mokgweetsi wa sefofane

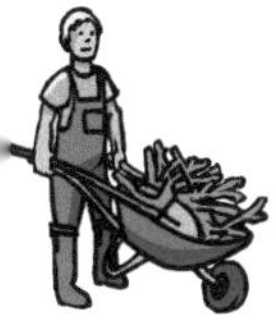

ntunza bustani

ratshingwana

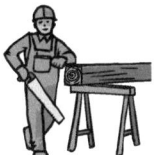

seremala

mmetli wa dikgong

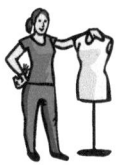

mshonaji

moroki

hakimu

moatlhodi

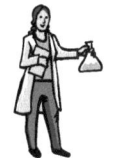

mwanakemia

moitse wa melemo

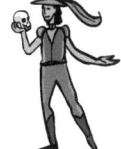

muigizaji

modiragatsi

dereva wa basi

mokgweetsi wa bese

dereva wa teksi

mokgweetsi wa tekisi

mvuvi

motshwari wa ditlhapi

mwanamke wa kusafisha

Mme yo o phepafatsang

mwezekaji

moruledi

mhudumu

weitara

mwindaji

motsumi

mchoraji

motaki

mwokaji

mmesi wa senkgwe

umeme

ramotlakase

mjenzi

moagi

mhandisi

moenjenere

mchinjaji

mosegi wa nama

fundi bomba

motsenyi wa diphaepe tsa metsi

mwanaposta

motsamaisa poso

mwanajeshi

leshole

msanifu majengo

modiri wa dipolane

keshia

morekisi

muuza maua

rekisi wa malomo

msusi

mokgabisamoriri

kondakta

kondactara

mekanika

mokheneke

nahodha

mokapeteine

daktari wa meno

ngaka ya meno

nwanasayansi

Rasaense

rabbi

moruti

imamu

imam

mtawa

moitlami

kasisi

moruti

zana

didiriswa

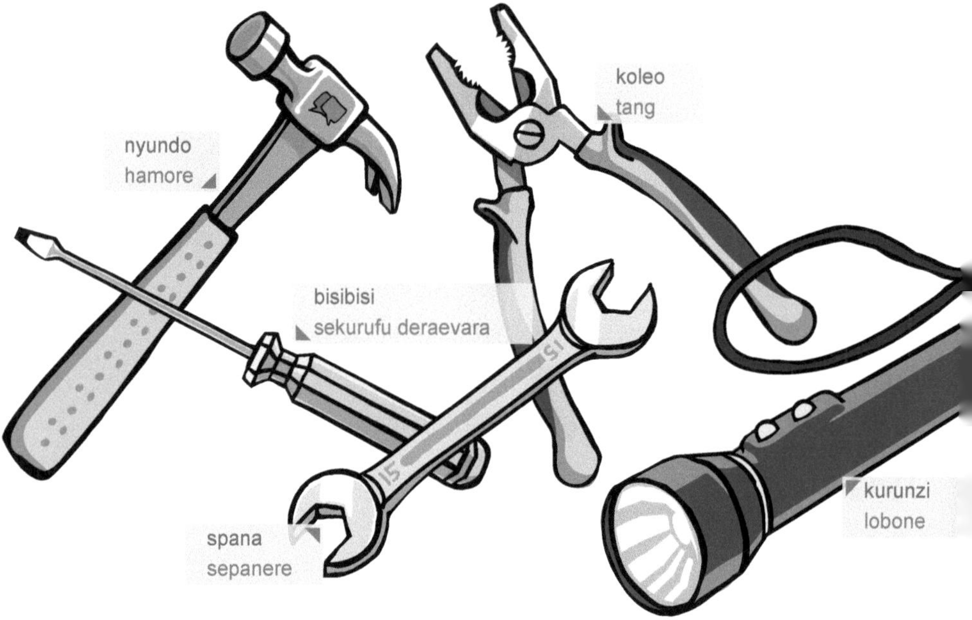

koleo
tang
nyundo
hamore
bisibisi
sekurufu deraevara
spana
sepanere
kurunzi
lobone

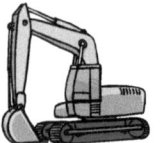

mchimbaji

moepi

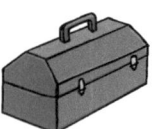

sanduku la vifaa

bokoso ya didirisiwa

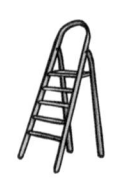

ngazi

lere

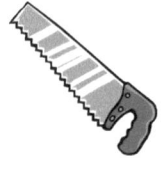

msumeno

saga

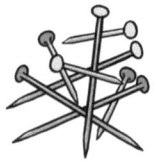

misumari

dipekere

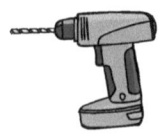

kuchimba visima

sebori

kukarabati

baakanya

sepetu

garawe

Lo!

ijaa!

shikio cha uchafu

eolela matlakala

chungu cha rangi

pitsa ya pente

skurubu

sekurufu

ala za muziki

didirisiwa tsa mmino

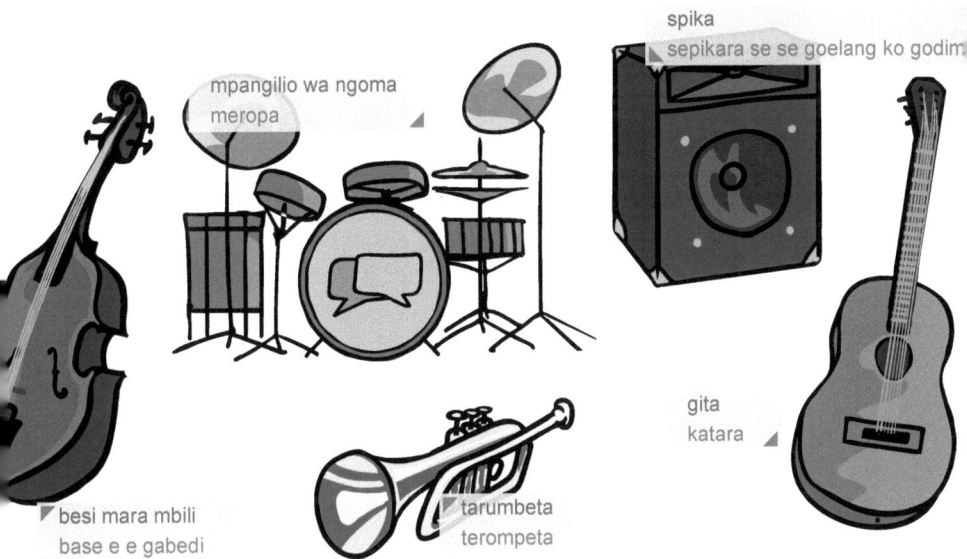

spika
sepikara se se goelang ko godim

mpangilio wa ngoma
meropa

besi mara mbili
base e e gabedi

tarumbeta
terompeta

gita
katara

piano
piano

fidla
bayolini

ubeji
base

timpani
timpane

ngoma
meropa

kibodi
khiboto

saksafoni
sekesofone

filimbi
phala

maikrofoni
sebuela godimo

bustani ya wanyama

lefelo la go bonela diphologolo

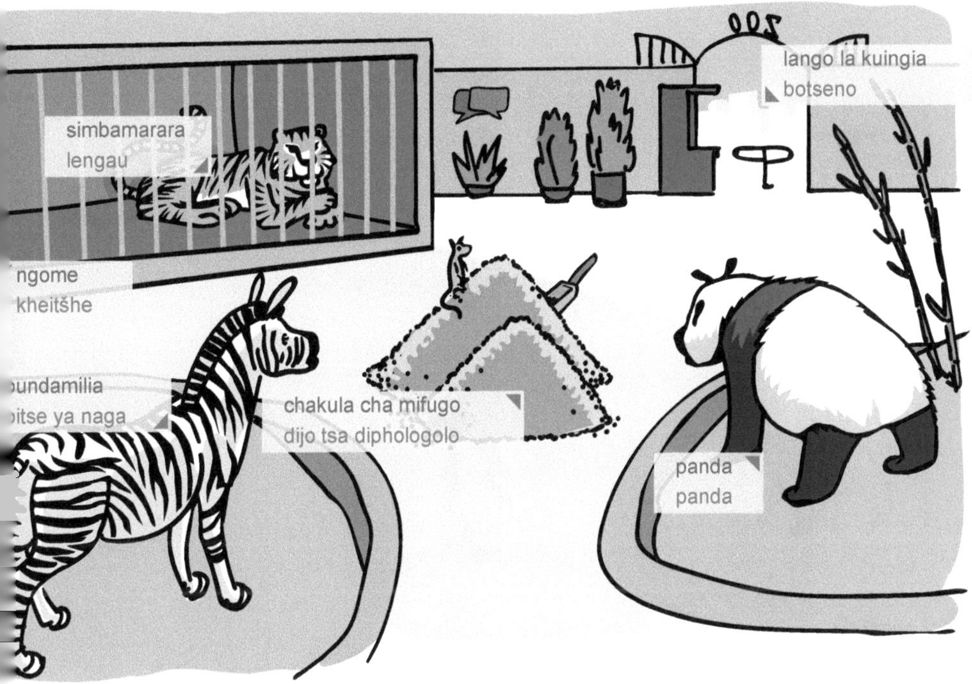

zoo
lango la kuingia
botseno
simbamarara
lengau
ngome
kheitšhe
undamilia
itse ya naga
chakula cha mifugo
dijo tsa diphologolo
panda
panda

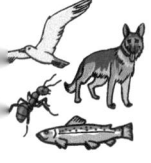

wanyama

diphologolo

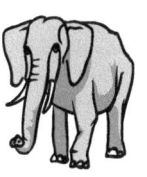

tembo

tlou

kangaruu

dikhankaruu

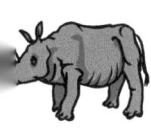

kifaru

tshukudu

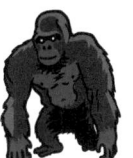

sokwe

tshweni

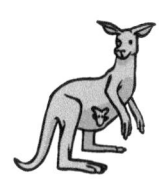

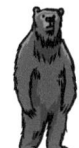

dubu

bera

ngamia

kamela

mbuni

kalakune

simba

tau

tumbili

tshwene

heroe

flamingo

kasuku

papalagae

dubu

bera e e dulang ko lefelong
le le tsididi thata

penguini

nonyane tsa lewatle

papa

leruarua

tausi

phikoko

nyoka

noga

mamba

kwena

mtunza wanyama

motlhokomedi wa
diphologolo

muhuri

sili

jaguar

katse

mwanafarasi

petsana

chui

lengau

kiboko

tshukudu

twiga

thutlwa

tai

ntsu

nguruwe mwitu

dikolobe tsa naga

samaki

tlhapi

kobe

khudu

sili

walrus

mbweha

ntja ya naga

paa

tshephe

soka ya marekani
kgwele ya dinao ya Amerika

uendeshaji baiskeli
motshameko wa baesekele

tenisi
tenese

mpira wa kikapu
baseketebolo

kuogelea
thuma

ndondi
motshameko wa go lwa ka diatla

magongo ya baraf
hockey ya mo aes

soka
kgwele ya dinao

vinyoya
badminthone

riadha
atletiki

mpira wa mikono
kgwele ya diatla

skii
skiing

polo
polo

shughuli
didirwa

cheka
tshega
uruka
lola
kumbatia
tlamparela
kutembea
tsamaya
kuimba
opela
ota ndoto
lora
kuomba
rapela
busu
atla

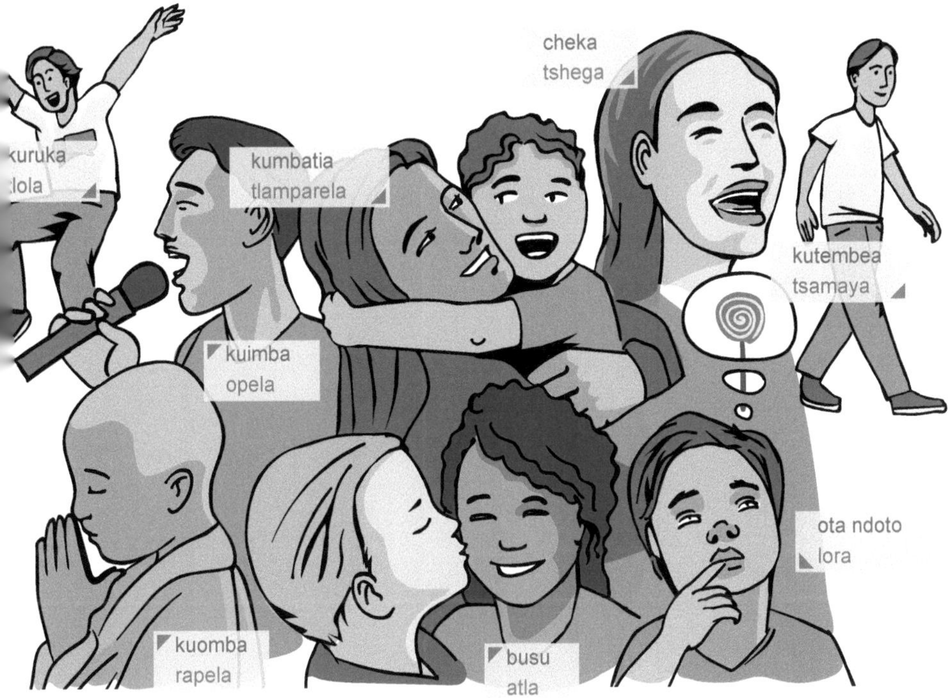

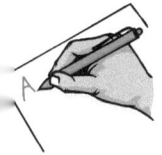

kuandika

kwala

kuteka

torowa

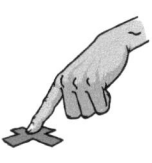

angalia

bontsha

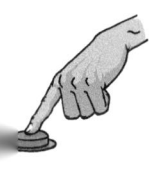

sukuma

kgorometsa

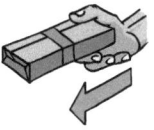

kutoa

naya

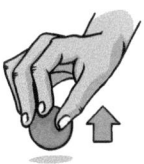

kuchukua

tsaya

kuwa
go nna

fanya
dira

kuwa
nna

kusimama
ema

kukimbia
taboga

vuta
goga

kutupa
latlha

kuanguka
wa

hadaa
maaka

kusubiri
ema

kubeba
tsholetsa

kukaa
dula

vaa nguo
apara

usingizi
robala

kuamka
tsoga

kuangalia

leba

lia

lela

kiharusi

thuma ka lemorago

chana nywele

kama

ongea

bua

kuelewa

tlhaloganya

kuuliza

botsa

kusikiliza

reetsa

kunywa

nwa

kula

ja

nadhifisha

phepafatsa

upendo

lorato

mpishi

apaya

gari

kgweetsa

kuruka

fofa

meli

seila

kokotoa

khalkhuleitara

kusoma

bala

kujifunza

ithute

kazi

dira

kuoa

nyala

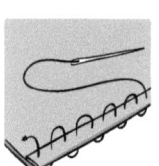

kushona

roka

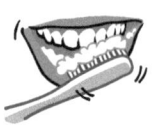

piga mswaki

tlhapa meno

kuua

bolaya

moshi

tsuba

kutuma

romela

ibi
memogolo

babu
rremogolo

baba
rre

mama
mme

mtoto
ngwana

binti
morwadi

bin
morwa

mgeni

moeng

shangazi

mmangwane

mjomba

malome

kaka

abuti

dada

ausi

mwili

mmele

paji la uso
phatlha
jicho
leitlho
bega
legetla
kidole
monwana
uso
sefatlhego
kidevu
seledu
mkono
seatla
mguu
leoto
matiti
letsele
mkono
letsogo

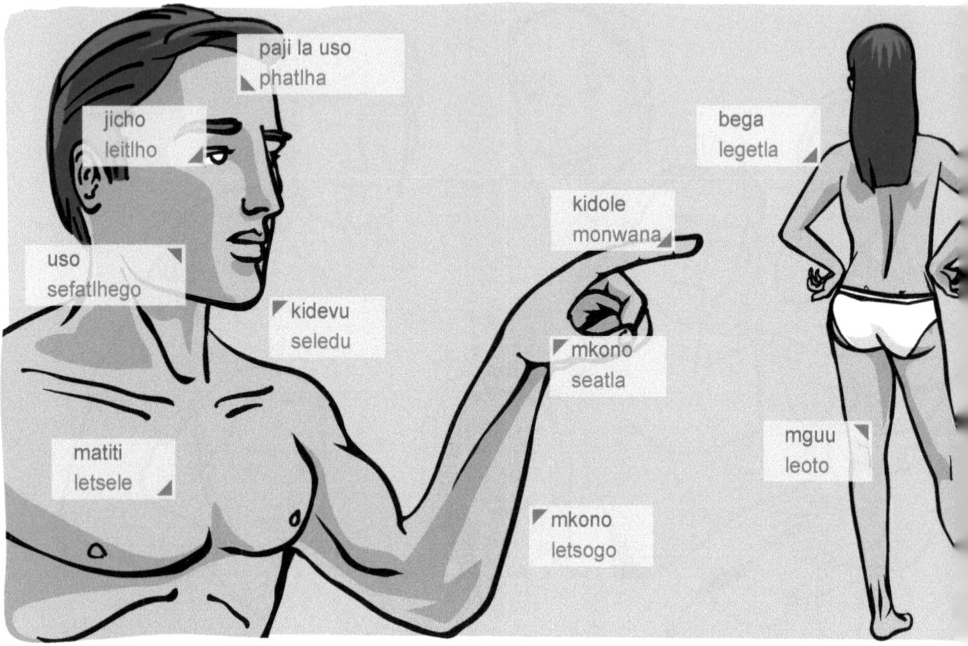

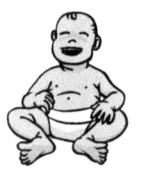

mtoto
ngwana

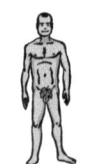

mwanamume
monna

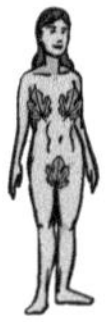

mwanamke
mosadi

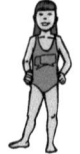

msichana
mosetsana

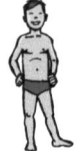

mvulana
mosimane

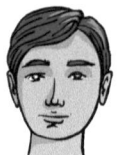

kichwa
tlhogo

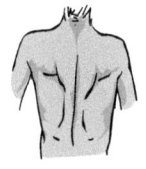

nyuma
mokwatla

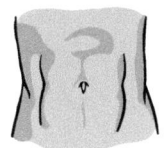

tumbo
mpa

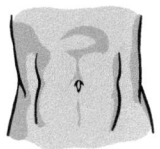

kitovu
khubu

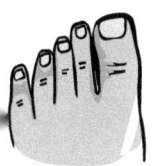

chano
monwana

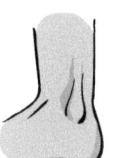

kisigino
serethe

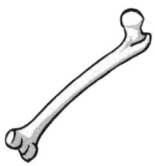

mfupa
lerapo

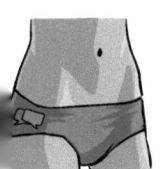

nyonga
letheka

goti
lengole

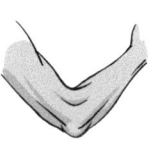

kiwiko
sekgono

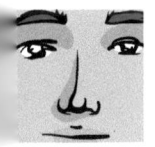

pua
nko

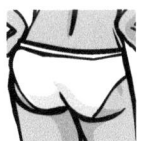

chini
ko tlase

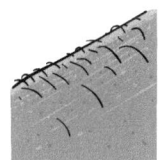

ngozi
letlalo

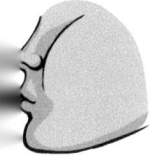

shavu
lerama

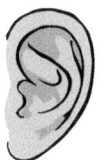

sikio
tsebe

mdomo
pounama

mwili - mmele

kinywa
....
molomo

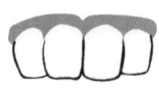

jino
....
leino

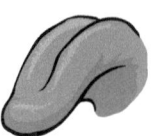

ulimi
....
loleme

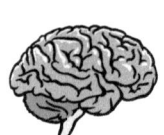

ubongo
....
boboko

moyo
....
pelo

misuli
....
maatla

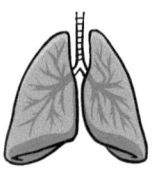

pafu
....
lekgwafo

ini
....
sebete

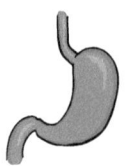

tumbo
....
mala

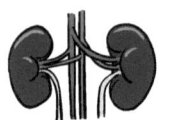

figo
....
diphio

jinsia
....
bong

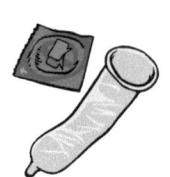

kondomu
....
mosomelwana

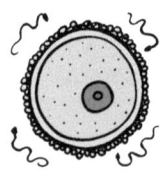

ovari
....
sebelegi sa ngwana

shahawa
....
semen

mimba
....
moimana

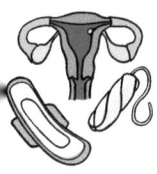

hedhi

o tsa go tla ka kgwedi
tsa basadi

uke

serwe sa mosadi

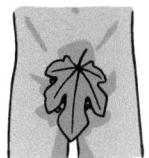

uume

serwe sa monna

unyusi

dintshi

nywele

moriri

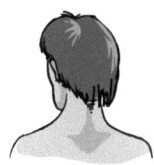

shingo

thamo

hospitali
sepetlele

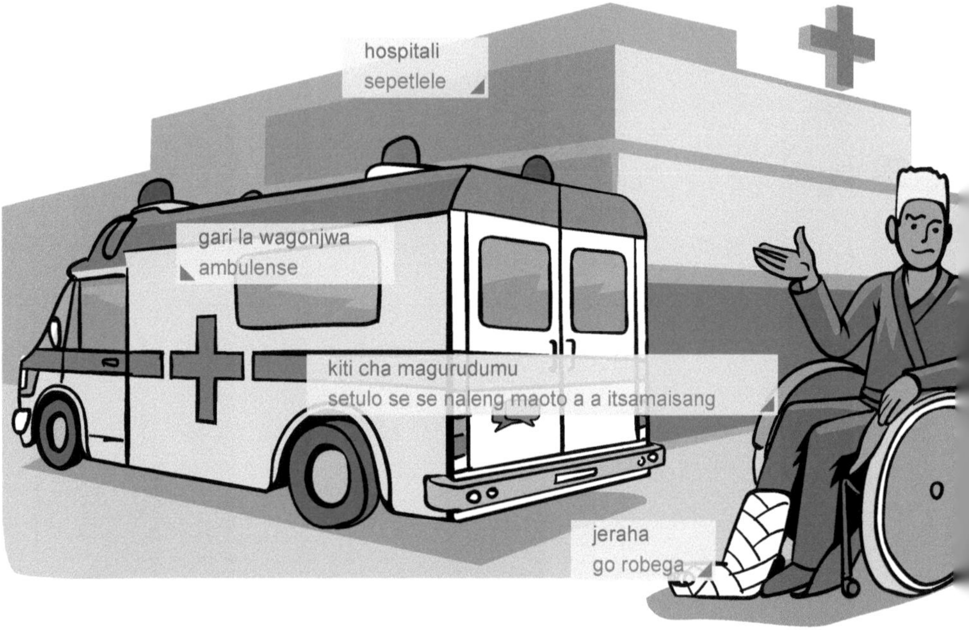

hospitali
sepetlele
gari la wagonjwa
ambulense
kiti cha magurudumu
setulo se se naleng maoto a a itsamaisang
jeraha
go robega

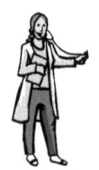

daktari
ngaka

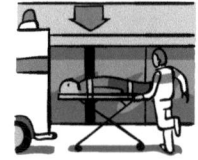

chumba cha dharura
phaphosi ya tshoganyetso

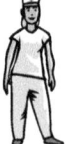

muuguzi
mooki

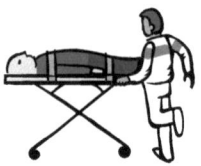

dharura
tshoganyetso

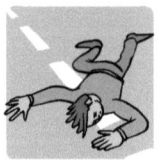

kupoteza fahamu
idibala

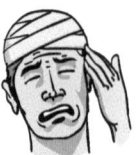

maumivu
setlhabi

kuumia
kgobalo

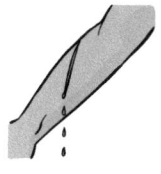

kutokwa na damu
go dutla madi

mshtuko wa moyo
tlhaselo ya pelo

kiharusi
setorouko

mzio
bolwetsi

kikohozi
go gotlhola

homa
fulu

mafua
fulu

kuharisha
letshololo

umivu ya kichwa
piwa ke tlhogo

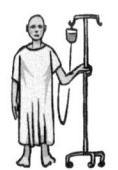

kansa
kankere

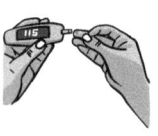

ugonjwa wa kisukari
sukiri ya mmele

aktari mpasuaji
moari

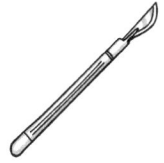

kisu kidogo cha kupasulia
sekalepele

operesheni
karo

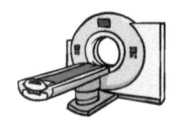

picha changanufu ya mwili

CT

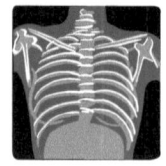

Eksrei

x-ray

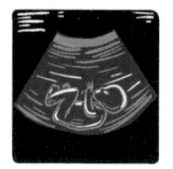

mawimbi sauti

motšhini wa go leba mo mpeng

barakoa ya uso

sesira sefatlhego

ugonjwa

twatsi

chumba cha kusubiri

phaposi boletelo

mkongojo

dithobane

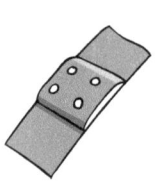

plasta

polasetara

bendeji

sefapho

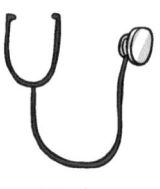

sindano

lemao

stetoskopu

setetosekoupu

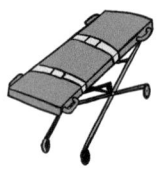

machela

seteretšhara

kipimajoto cha kliniki

themometara ya bongaka

kuzaliwa

pelegi

unene kupita kiasi

bokima jwa mmele

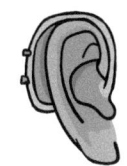

kusikia misaada
....
isiwa sa go thusa go
utlwa

kipukusi
....
sesireletsa dintho

maambukizi
....
tshwaetso

virusi
....
mogare

VVU / UKIMWI
....
HIV / AIDS

dawa
....
melemo

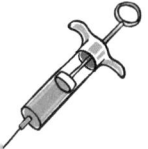

chanjo
....
mokento

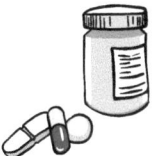

vidonge
....
thabolete

kidonge
....
pilisi

imu ya dharura
....
la wa tshoganyetso

haemodainamometa
....
motšhini wa go ela tlhoko
kgatelelo ya madi

mgonjwa / mwenye afya
....
lwala / itekanetse

Msaada!

Thusa!

kengele

alamo

pigo

tshotlako

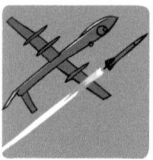

shambulizi

tlhasela

hatari

kotsi

lango la dharura

kgoro ya tshoganyetso

Moto!

Molelo!

kizima moto

setima moleleo

ajali

kotsi

vifaa vya huduma ya kwanza

khiti ya go thusa ka dikgobalo

wito wa msaada

SOS

polisi

lepodisi

Ulaya

Yuropa

Amerika ya Kaskazini

Bokone jwa Amerika

Amerika ya Kusini

Borwa jwa Amerika

Afrika

Aforika

Asia

Asia

Australia

Australia

Atlantiki

Atlantic

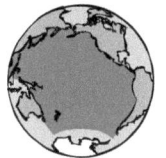

Pasifiki

Pacific

Bahari ya Hindi

Lewatle la India

hari ya Antaktiki

vatle la Antarctic

Bahari ya Aktiki

Lewatle la Arctic

Ncha ya Kaskazini

Bokone

Ncha ya Kusini

Borwa

Antaktika

Antartica

dunia

Lefatshe

nchi

lefatshe

bahari

lewatle

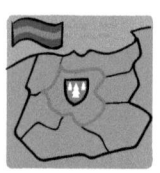

kisiwa

losi lwa lewatle

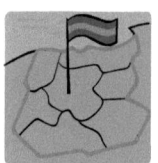

taifa

lotso

jimbo

boemo

uso wa saa

ntle la tshupanako

akrabu ya saa

letsogo la ura

akrabu ya dakika

letsogo la metsotso

rabu ya sekunde

go la metsotswana

Ni saa ngapi?

ke nako mang?

siku

letsatsi

wakati

nako

sasa

go ne jaanong

saa ya dijitali

tshupanako ya dijithale

dakika

metsotso

saa

ura

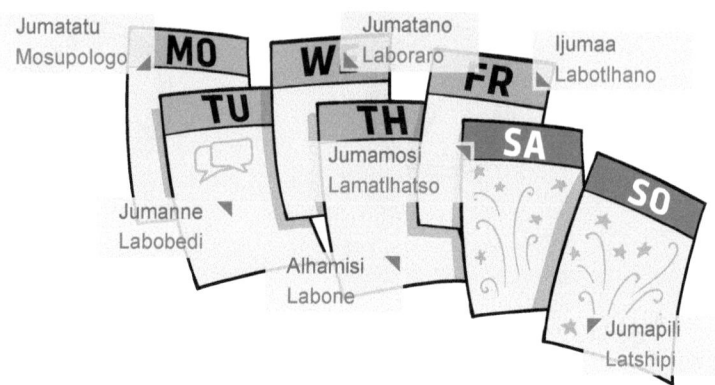

Jumatatu / Mosupologo — MO
Jumanne / Labobedi — TU
Jumatano / Laboraro — WE
Alhamisi / Labone — TH
Ijumaa / Labotlhano — FR
Jumamosi / Lamatlhatso — SA
Jumapili / Latshipi — SO

jana
maabane

leo
gompieno

kesho
kamoso

asubuhi
moso

saa sita mchana
thapama

jioni
maitseboa

siku za biashara
malatsi a tiro

mwishoni mwa wiki
mafelo a beke

mwaka
ngwaga

mvua
pula
upinde wa mvua
motshe wa badimo
theluji
letlhwa
upepo
phefo
majira ya machipuko
dikgakologo
vuli
letlhafula
kiangazi
selemo
majira ya baridi
mariga

4.APRIL 11°
5.APRIL 4°
6.APRIL 13°
7.APRIL 8°
8.APRIL 10°

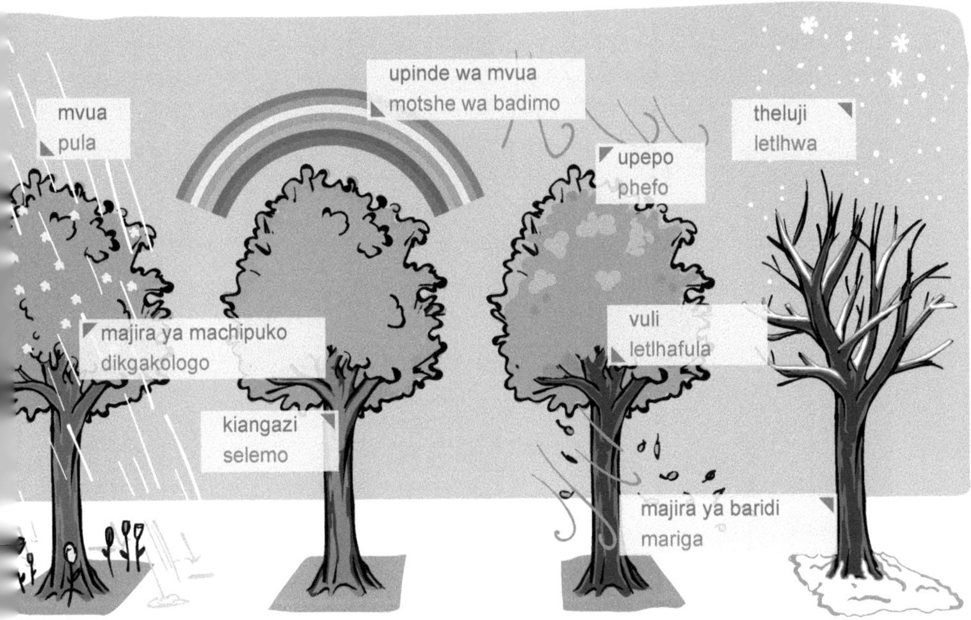

ri wa hali ya hewa

tsogo jwa loapi

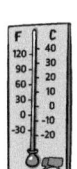

kipimajoto

themomithara

mwanga wa jua

letsatsi

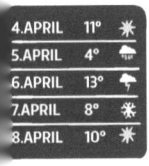

wingu

leru

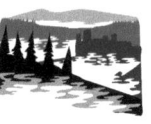

ukungu

mouwane

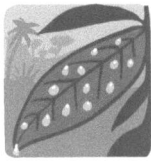

unyevu

humidity

umeme

legadima

radi

modumo wa maru

dhoruba

matsubutsubu

mvua ya mawe

sefako

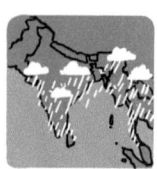

monsuni

monsoon

mafuriko

morwalela

barafu

aese

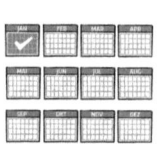

Januari

Ferikgong

Februari

Tlhakole

Machi

Mopitlwe

Aprili

Moranang

Mei

Motsheganong

Juni

Seetebosigo

Julai

Phukwi

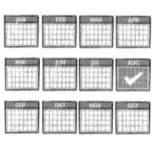

Agosti

Phatwe

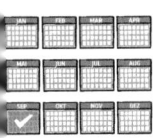

Septemba
....
Lwetse

Oktoba
....
Diphalane

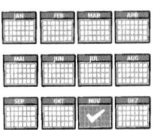

Novemba
....
Ngwanaatsele

Desemba
....
Sedimonthole

maumbo
dipopego

mduara
....
kgolokwe

mraba
....
khutlonne

mstatili
....
khutlonnetsepa

pembetatu
....
khutlotharo

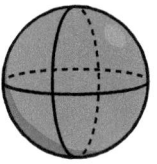

nyanja
....
khutlo

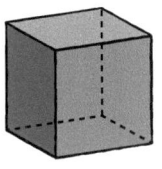

mchemraba
....
khiubu

nyeupe

tshweu

manjano

serolwana

chungwa

mmala wa namune

rangi ya waridi

pinki

nyekundu

khibidu

hudhurungi

bohibidu jo bo mokgona

bluu

pududu

kijani

tala

hanja

tshetlha

jivujivu

tshetlha

nyeusi

ntsho

mengi / kidogo

le gontsi / go nnye

hasira / pole

go kwata / go ritibala

nzuri / mbaya

montle / maswe

wanzo / mwisho

nimologo / bofelo

kubwa / ndogo

tonna / nnyane

angavu / giza

lesedi / lefifi

kaka / dada

abuti / ausi

safi / chafu

phepa / leswe

kamilika / tokamilika

feletse / go sa felela

siku / usiku

shegare / bosigo

wafu / hai

o sule / o a tshela

pana / nyembamba

bophara / tshesane

kulika / kutolika
....
ya jega / ga e jege

ovu / ema
....
bosula / molemo

sisimkwa / udhika
....
go itumela thata / go se
itumele

nene / nyembamba
....
nonne / tshesane

kwanza / mwisho
....
ntlha / bofelo

rafiki / adui
....
tsala / sera

jaa / tupu
....
tletse / lolea

ngumu / laini
....
thata / bonolo

nzito / nyepesi
....
bokete / motlhofo

njaa / kiu
....
tlala / lenyora

mgonjwa / mwenye afya
....
lwala / itekanetse

haramu / kisheria
....
dumelesega / dumeletswe

akili / kijinga
....
botlhale / sematla

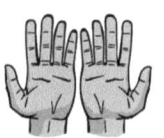

kushoto / kulia
....
molema / moja

karibu / mbali
....
gaufi / kgakala

mpya / kutumika
sesha / ya kgale

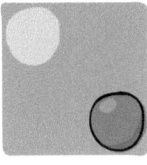

kitu / jambo
sepe / sengwe

zee / changa
mogolo / mosha

waka / zima
tsenya / tima

wazi / fungwa
bula / tswetswe

utulivu / kelele
tidimalo / modumo

tajiri / masikini
khumo / lehuma

sahihi / kosa
siame / phoso

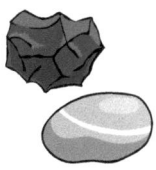

mbaya / laini
ditlhotlhori / borethe

zunika / furahia
safetse / itumetse

fupi /ndefu
khutshwane / telele

polepole / haraka
bonya / bonako

nyevu / kavu
metsi / omile

joto / baridi
mololo / tsididi

vita / amani
ntwa / kagiso

0

sufuri

lefela

1

moja

nngwe

2

mbili

pedi

3

tatu

tharo

4

nne

nne

5

tano

tlhano

6

sita

thataro

7

saba

supa

8

nane

robedi

9

tisa

robonngwe

10

kumi

lesome

11

kumi na moja

some nngwe

12
kumi na mbili
....
some pedi

13
kumi na tatu
....
some tharo

14
kumi na nne
....
some nne

15
kumi na tano
....
some tlhano

16
kumi na sita
....
some thataro

17
kumi na saba
....
some supa

18
kumi na nane
....
some robedi

19
kumi na tisa
....
some robonngwe

20
ishirini
....
masomamabedi

100
mia
....
lekgolo

1.000
elfu
....
sekete

1.000.000
milioni
....
milione

Kiingereza

Sejatlhapi

Kiingereza cha Marekani

Sejatlhapi sa Amerika

Kimandarini cha Uchina

se-China

Kihindi

se-Hindi

Kihispania

se-Spanish

Kifaransa

se-For a

Kiarabu

se-Araba

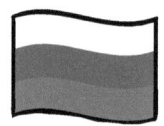

Kirusi

se-Russia

Kireno

se-Potokisi

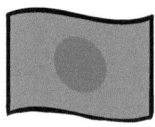

Kibengali

se-Bengali

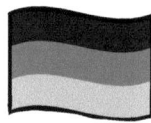

Kijerumani

se-Jeremane

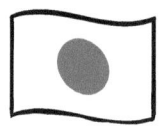

Kijapani

se-Japane

mimi
Nna

wewe
wena

yeye / yeye / ni
ene / ene / sone

sisi
re

wewe
wena

wao
bone

nani?
mang?

nini?
eng?

jinsi gani?
jang?

wapi?
kae?

lini?
leng?

jina
leina

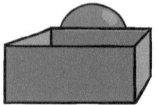

nyuma

mo morago

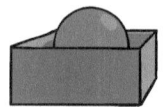

katika

mo

mbele ya

fa pele ga

juu ya

godimo

kwenye

mo

chini ya

fa tlase

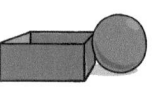

kando

mo thoko

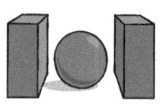

kati

magareng

mahali

lefelo